FLAVIO RISSATO

Guia fácil para operar no mercado financeiro

Tópicos sobre Cenários Macroeconômicos

Apresentação

Olá! Sou Flavio Rissato, engenheiro (UFPR/ITA), servidor público federal (TRIBUNAL DE CONTAS DA UNIÃO), fiz um curso de Operador de Mercado Financeiro (FIA/USP) há mais de 15 anos e atuo desde então no mercado financeiro, com recursos próprios.

Fico feliz por você estar lendo o livro que escrevi, o qual faz parte de uma série, com guias fáceis para operar no mercado financeiro, retratando toda a teoria e experiência vivida ao longo dos últimos anos.

Os assuntos dos guias vão do básico ao intermediário e a leitura é muito agradável.

Nesse guia, especificamente, o conteúdo será tratado mais em forma de tópicos, o que é suficiente para a leitura dos demais e não atrapalha a compreensão da série como um todo.

Todavia, uma vasta bibliografia é apresentada para o aprofundamento desejado de cada operador nos assuntos abordados.

Espero que aproveitem ao máximo o conhecimento aqui consolidado!

Sumário

Introdução

A leitura desse livro fornecerá conceitos macroeconômicos básicos, em forma de tópicos, sobre PIB, inflação, taxa de juros, consumo, câmbio, balança comercial e emprego/desemprego, para entendimento das políticas econômicas fiscais e monetárias adotadas pelo Governo e as suas consequências no mercado financeiro.

Assim, o leitor/operador/investidor poderá ter mais chances de se antecipar de forma positiva a certas condições atreladas às decisões governamentais do momento, pois compreenderá melhor por quais motivos o mercado financeiro reage a eventuais alterações dessas políticas.

Um exemplo muito comum é a redução da taxa de juros básica da economia. Apesar da segurança dos investimentos rentabilizados por essa taxa, muitas pessoas preferem aplicar seu dinheiro em operações que rentabilizem mais, mesmo que sejam um pouco mais arriscadas, quando a taxa básica se aproxima de valores muito baixos (2% ao ano, por exemplo).

Ou os investimentos das empresas e indústrias aumentam por conta da taxa de juros baixa para tomada de empréstimos, o que pode proporcionar aumento das receitas e dos lucros.

Nesse momento que se observa um aumento na busca por ativos de renda variável, o que se infere, portanto, que a bolsa de valores possa estar atrativa em tal situação.

Como a definição da taxa de juros básica da economia depende, em parte, de uma série de fatores macroeconômicos, é recomendado saber o que cada um deles significa, a seguir.

Macroeconomia

A **macroeconomia** é o estudo do comportamento agregado de uma economia, ou seja, é a análise das consequências globais de milhões de ações isoladas realizadas por empresas, consumidores, trabalhadores e funcionários do governo.

A abordagem da macroeconomia consiste em observar as tendências gerais da economia, em vez de olhar as tendências particulares de trabalhadores e empresas ou regiões.

Os principais temas estudados envolvem o nível geral de produção, desemprego, preços e comércio internacional.

Geralmente o período de declínio de uma economia dura de um a dois anos antes de o crescimento ser retomado. Essas flutuações de curto prazo são chamadas de "ciclos de negócios".

A compreensão de por qual motivo esses ciclos ocorrem, o que determina sua gravidade e quais são as forças econômicas que dão origem a uma queda da produção e quais as que restauram seu crescimento são questões a serem respondidas pela macroeconomia.

PIB/PNB

A medida individual de maior importância numa economia é o **Produto Interno Bruto (PIB)**, que é a soma do valor de mercado de todos os milhões de tipos de produtos (carros, geladeiras, laranjas etc) e serviços (cirurgias médicas, serviços bancários etc) gerados em uma economia/país em um determinado período de tempo, geralmente um trimestre ou um ano.

Um conceito fortemente ligado ao PIB é o **Produto Nacional Bruto (PNB)**, que mede a renda dos residentes da economia, não importando se essa renda é obtida na produção doméstica ou na produção estrangeira.

O nível de PNB por pessoa (per capita) de uma nação é o padrão mais utilizado para se medir o desenvolvimento econômico.

Desemprego

O desemprego é a segunda variável importante que a macroeconomia investiga. A taxa de desemprego mede o número de desempregados e pessoas que estão procurando trabalho.

Os dados de desemprego podem refletir um mercado ativo, com muitos desligamentos e contratações, ou um mercado esclerosado, com contingente estagnado de desempregados.

O mercado de trabalho é complexo. Quedas de produção estão associadas ao aumento de desemprego. Aumentos de produção estão relacionados com a queda do desemprego.

Quando as empresas aumentam a produção em reação ao aumento da demanda, pode acontecer o seguinte: maior produção exige aumento do emprego; mais empregos diminui o desemprego, o que pressiona os salários; salários altos elevam custos de produção, o que aumenta os preços; preços altos faz com que se reivindiquem maiores salários e assim por diante.

O estudo das flutuações de desemprego é então importante para as análises das flutuações dos ciclos de negócios.

Inflação

É a terceira variável que interessa à macroeconomia e mede a alteração percentual (aumento persistente e generalizado) do nível de preços da economia.

Altas esporádicas de preços devido a flutuações sazonais não é movimento inflacionário.

Fontes de inflação, a depender de cada economia:

- pelo tipo de estrutura de mercado (oligopolista/concorrencial): que condiciona a capacidade de repassar ou não aumento de custos aos produtos – se há concorrência, por exemplo, o repasse de aumento de custos é limitado;

- pelo grau de abertura da economia ao comercio exterior: quanto mais aberta, mais concorrência interna e menores os preços dos produtos;

- pela estrutura das organizações trabalhistas: quanto maior o poder de barganha dos sindicatos, os salários são reajustados acima dos índices de produtividade e, assim, há maior pressão nos preços.

As duas formas de se analisar a inflação são: inflação de demanda e inflação de custos.

Inflação de demanda

É a inflação provocada pelo excesso de demanda agregada em relação à produção disponível de bens e serviços. Difícil existir no Brasil, porque muitas pessoas estão abaixo da linha de consumo.

Por exemplo, se há um consumo excessivo de televisores, as fabricantes não conseguem produzir de acordo com a procura (oferta menor que a procura), o que eleva os preços.

Assim, a probabilidade de ocorrer inflação de demanda aumenta quando a economia está produzindo próximo do pleno emprego de recursos (plena capacidade), em especial em setores produtivos de insumos básicos.

Relacionado ao desemprego, pode-se dizer que elevações da demanda agregada levam as empresas a demandarem mais mão-de-obra, o que aumenta salários e reduz taxas de desemprego.

Inflação de custos

É a inflação gerada pela elevação de custos. É tipicamente uma inflação de oferta, ou seja, a procura permanece a mesma, mas os custos de certos fatores importantes aumentam. Com isso, ocorre uma retração da produção por causa do aumento dos custos, reduzindo a oferta e aumentado preços. É a mais comum no Brasil.

As causas mais comuns de aumentos de custos de produção são **aumentos salariais** (em especial quando sindicatos são fortes), **aumentos de custos de matéria-prima** (por exemplo, em crises do petróleo há aumento sensível de custos de transporte e de energia com base no diesel e fatores climáticos impactam a produção agrícola, diminuindo a oferta de alimentos e aumentando seus preços) e **estrutura de mercado** (monopólios/oligopólios conseguem elevar lucros, com aumento de preços, acima da elevação dos custos de produção).

Efeitos da inflação

Os efeitos da inflação mais importantes são:

<u>Piora na distribuição de renda</u>: assalariados têm seus salários corrigidos apenas depois do período inflacionário, o que reduz seu poder aquisitivo por certo período. Comerciantes, industriais e o governo conseguem repassar os aumentos dos custos provocados pela inflação de forma mais fácil.

<u>Prejuízo ao balanço de pagamentos</u>: há prejuízo quando os preços dos produtos nacionais aumentam em relação aos preços dos produtos estrangeiros. Há maior demanda por bens importados, o que faz com que o governo desvalorize a moeda nacional para incentivar exportações. Isso encarece as importações, em especial de produtos importados dos quais dependemos, como petróleo e algumas máquinas. Importação mais cara eleva os custos e aumenta inflação, gerando um ciclo vicioso.

<u>Prejuízo nas finanças públicas</u>: como o fato gerador de impostos ocorre antes do recolhimento efetivo do imposto, a inflação corrói a arrecadação fiscal, gerando menor arrecadação real pelo governo.

<u>Prejuízo na formação de expectativas</u>: as expectativas sobre o futuro, para o quadro empresarial, são bastante sensíveis à influência da inflação por causa da imprevisibilidade de seus lucros. O empresário tende a esperar enquanto a situação perdurar e não aumentará seus investimentos na expansão da capacidade produtiva, o que acaba prejudicando o nível de emprego da economia.

Metas de inflação

A política monetária no Brasil é subordinada ao conceito de Meta de Inflação. As sistemáticas do sistema calibram a liquidez da economia de forma a assegurar o crescimento econômico.

O Banco Central do Brasil tem a obrigação de usar todos os meios necessários de política monetária para a obtenção das metas.

As metas têm um intervalo de tolerância que permite uma variação percentual da inflação, para cima ou para baixo.

A meta de inflação fixada pelo BC para o ano de 2018 era de 4,5%, com intervalo de tolerância de 1,5 ponto percentual, ou seja, ficando entre 3% e 6%, a inflação seria considerada dentro da meta. O Índice Nacional de Preços ao Consumidor Amplo (IPCA/IBGE) fechou o ano de 2018 em 3,75%, o que demonstra o cumprimento da meta para esse ano.

O centro da meta de inflação de 2019 foi fixado em 4,25% e a de 2020 em 4%, com margem de tolerância de 1,5 ponto percentual.

Índices de Preços

Surgem para medir a variação conjunta de bens que são fisicamente diferentes o/ou que variam a taxas distintas. Exemplos: IPCA e IGP-M

Em anos eleitorais, com o aumento de gastos do governo (com obras, por exemplo), esses índices costumam aumentar, seja pelo aumento de dinheiro na economia, seja pela atrelação de ajuste dos contratos públicos a esses índices.

IPCA (Índice Nacional de Preços ao Consumidor Amplo): é calculado pelo IBGE (Instituto Brasileiro de Geografia e Estatística) para famílias com até 40 salários mínimos que moram em regiões metropolitanas de algumas capitais brasileiras e compõe junto com o INPC (Índice Nacional de Preços ao Consumidor) o Sistema Nacional de Índices de Preços ao Consumidor. Tem como unidade de coleta estabelecimentos comerciais e de prestação de serviços, concessionarias de serviços públicos e domicílios (para levantamento de aluguel e condomínio).

IGP-M (Índice Geral de Preços – Mercado): por ser mais amplo, é o parâmetro do mercado financeiro. É calculado pelo IBRE (Instituto Brasileiro de Economia da FGV) para famílias com até 8 salários mínimos e é composto pelos índices IPC (Índice de Preços ao Consumidor que mora no Rio de Janeiro e em São Paulo), o IPA (Índice de Preços por Atacado) e o INCC (Índice Nacional de Custo de Construção).

É um índice "dolarizado", pois a oscilação do câmbio é refletida no índice.

Comitê de Política Monetária – COPOM

É um órgão constituído no âmbito do Banco Central do Brasil (Bacen) e estabelece as diretrizes da política monetária bem como define a taxa de juros (meta da taxa **Selic** e seu eventual **viés**).

A taxa **Selic** é a taxa média dos financiamentos diários, com lastro em títulos públicos federais, apurados no Sistema Especial de Liquidação e Custódia). O **viés** definido é a prerrogativa dada ao presidente do Bacen para alterar a meta da taxa Selic na direção do viés a qualquer momento entre as reuniões ordinárias (mensais).

A criação do COPOM buscou proporcionar maior transparência e ritual adequado ao processo decisório, facilitando a comunicação com o público em geral.

As decisões do COPOM têm como objetivo cumprir as metas para a inflação. Se as metas não forem cumpridas, cabe ao Presidente do Bacen divulgar os motivos do descumprimento, as providencias e o prazo para o retorno da taxa de inflação aos limites estabelecidos.

Nas reuniões, para os votos que definirão a meta da taxa Selic, são analisados relatórios de inflação, balanço de pagamentos, mercado de câmbio etc.

A meta da taxa Selic e seu viés, decididos em votação, são logo divulgados à imprensa bem como a ata da reunião.

Taxa de Juros

A taxa de juros influencia na poupança e no consumo. À medida que a taxa de juros sobe, o consumo diminui e a poupança aumenta, bem como a taxa de retorno sobre a poupança.

Há dois efeitos da taxa de juros:

- <u>Efeito substituição</u>: as pessoas deixam de consumir hoje, poupando, para poderem consumir mais no futuro, ou seja, o consumo futuro fica mais barato em relação ao consumo atual;

- <u>Efeito renda</u>: mede se a família ficou mais rica ou mais pobre após uma alteração da taxa de juros, se tomava ou concedia empréstimos. Se concedia empréstimos (família poupadora) e a taxa de juros aumenta, sua renda será melhor remunerada e ficará mais rica, consumindo mais. Ao contrário, a família devedora, que tomava empréstimos, fica mais pobre com o aumento da taxa de juros e passa a consumir menos, pois sua dívida aumenta.

Assim, com o aumento da taxa de juros, o **efeito renda** tende a aumentar a taxa de poupança de uma família tomadora de empréstimos e a reduzir a da família que concede empréstimos. O efeito renda em nível agregado de poupança tende, portanto, a se cancelar.

O **efeito substituição** funciona sempre na mesma direção para todas as famílias e tende a aumentar a poupança com o aumento da taxa de juros, ou seja, faz com que as famílias consumam menos.

O efeito total (saldo) dos dois efeitos sobre a poupança agregada é, portanto, uma diminuição de consumo e um aumento de poupança com o aumento da taxa de juros, visto que o efeito substituição tende a dominar na medida em que o efeito renda se auto cancela em nível agregado.

O contrário pode ser dito: com a redução da taxa de juros, há um aumento do consumo e uma redução da poupança.

Sistemas e Câmaras de Liquidação e Compensação
(Clearing Houses)

Como a maior parte dos títulos do mercado monetário são escriturais, ou seja, não são físicos, suas negociações devem ser controladas por sistemas especiais, que organizam sua liquidez e transferência, proporcionando maior segurança e autenticidade aos negócios realizados. Há dois: **SELIC** e **CETIP.**

Sistema Especial de Liquidação e Custódia (SELIC): controla e liquida financeiramente as operações com títulos **públicos,** emitidos pelo Bacen e pelo Tesouro Nacional.

Os operadores financeiros credenciados a operar no mercado monetário repassam as informações das negociações, via terminais, ao SELIC, para que ocorra a transferência do dinheiro e, depois, dos títulos públicos envolvidos nas operações.

Atualmente, os títulos ofertados pelo Tesouro Nacional são as LTN (Letras do Tesouro Nacional), as NTN (Notas do Tesouro Nacional) e as LFT (Letras Financeiras do Tesouro).

As principais características dos títulos LTN, NTN e LFT são:

Título	Indexador	Prazos de Emissão (Regra Geral)	Resgate do Principal	Juros	Custodiante
LTN	Não há - Título Prefixado	Até 4 anos	No vencimento, pelo valor nominal.	Não Há.	SELIC
NTN - B	IPCA	Até 40 anos	No vencimento, pelo valor nominal, acrescido do respectivo rendimento desde a data-base do título.	6% ao ano, pagos semestralmente.	SELIC
NTN -F	Não há - Título Prefixado	Até 10 anos	No vencimento, pelo valor nominal.	10% ao ano, pagos semestralmente.	SELIC
LFT	Selic	Até 5 anos	No vencimento, pelo valor nominal, acrescido do respectivo rendimento desde a data-base do título.	Não Há.	SELIC
NTN - C	IGP-M	Não são mais emitidas em leilões regulares.	No vencimento, pelo valor nominal, acrescido do respectivo rendimento desde a data-base do título.	6% ao ano, pagos semestralmente[1].	SELIC

À exceção da NTN-C 2031, cujo cupom de juros é de 12% ao ano, pago semestralmente.

Fonte: http://www.tesouro.fazenda.gov.br/titulos-da-divida-interna (mai/2019)

Títulos pré-fixados, como as LTNs, são de maior risco, porque a taxa básica de juros varia de acordo com a situação do país e pode aumentar. Por isso é sempre pedido um prêmio pelo risco.

Já títulos com taxas pós-fixadas, como a LFTs, são menos arriscados, porque a sua variação acompanha a taxa básica de juros.

LTN (Letras do Tesouro Nacional): são negociadas com deságio, ou seja, o investidor paga uma quantia inferior ao seu valor de face. É um título **pré-fixado**. Veremos oportunamente que os títulos pré-fixados envolvem mais riscos.

LFT (Letras Financeiras do Tesouro): têm seus rendimentos definidos pela média da taxa SELIC, garantindo uma rentabilidade de mercado ao investidor, com prazos definidos pelo Tesouro Nacional. É um título **pós-fixado**.

NTN (Notas do Tesouro Nacional): oferecem rendimentos pós-fixados e geralmente atrelados a um indexador da economia, sendo os juros pagos periodicamente.

O Bacen emitiu títulos públicos até 2002, quando perdeu a competência para isso. Os principais títulos emitidos foram os **BBC (Bônus do Banco Central)**, as **LBC (Letras do Banco Central)** e as **NBC (Notas do Banco Central)**. A partir de 2002, o Bacen passou a fazer operações de política monetária apenas ao comprar e vender os títulos por ele emitidos que já estavam em circulação.

Por meio da taxa **SELIC**, as instituições financeiras podem adquirir e vender títulos todos os dias, criando uma taxa diária conhecida por *overnight* e representativa das operações de um dia útil.

Como os títulos (públicos) negociados no SELIC são de alta liquidez e teoricamente de risco mínimo, a taxa definida no âmbito desse sistema é aceita como a **taxa livre de risco da economia**, servindo de importante referencial para a formação dos juros de mercado.

Central de Custódia e de Liquidação de Títulos Privados (CETIP): controla e liquida financeiramente as operações com títulos **privados,** como CDB (Certificado de Depósito Bancário), RDB (Recibo de Depósito Bancário), as debêntures, CDI (Certificados de Depósito Interfinanceiro) etc. Algumas vezes o sistema opera títulos públicos que se encontram em poder do setor privado da economia.

No guia sobre renda fixa há informações mais detalhadas sobre esses títulos privados.

Taxa DI

O sistema financeiro tem como único instrumento capaz de traduzir suas expectativas o mercado interbancário de reais, que é privativo dos bancos e *brokers* (intermediários nas transações entre compradores e vendedores de valores mobiliários com lastro em títulos privados).

Normalmente, o custo do dinheiro de um dia negociado no mercado interbancário (conhecido como **DI**) é muito próximo do custo da troca das reservas bancárias disponíveis lastreadas em títulos públicos federais que ocorrem no mercado aberto (SELIC), podendo, inclusive, ser uma referência para o custo do SELIC do dia seguinte.

O **CDI** (Certificado de Depósito Interfinanceiro) é um título de emissão das instituições financeiras, que lastreia as operações do mercado interbancário. Sua função é transferir recursos de uma instituição financeira para outra. Não há contrato ou incidência de tributos. As transações são fechadas por meio eletrônico e registradas nos terminais CETIP (Central de Títulos Privados).

Como já mencionado, os CDI de um dia são conhecidos como **Depósitos Interfinanceiros (DI)** e estabelecem um padrão de taxa média diária, o **CDI** *over*. É o DI (ou taxa CDI *over*) que reflete a expectativa de custo das reservas bancárias para a manhã do dia seguinte à do fechamento das transações.

As taxas CDI over é que estabelecem o parâmetro de taxas para as operações de empréstimo de curtíssimo prazo, o chamado *__hot money__*, que normalmente embute o custo do DI *over* mais um *spread* e mais o custo do imposto PIS.

Taxa Referencial (TR)

Foi criada com o intuito de ser uma taxa básica referencial dos juros a serem praticados no mês iniciado e não como um índice que refletisse a inflação do mês anterior. Na época em que foi criada (Governo Collor, 1991), refletia a média das remunerações futuras dos títulos federais e privados e, com isso, esperava-se que a remuneração refletisse as expectativas futuras de queda na inflação, tentando-se eliminar a memória inflacionária.

A TR interfere em valores de títulos públicos, do FGTS, da Caderneta de Poupança e de financiamentos imobiliários.

Câmbio

O mercado de câmbio é aquele em que indivíduos, empresas e bancos compram e vendem moedas estrangeiras. Sua função principal é a transferência de recursos ou de poder de compra de uma nação e moeda para outra. Também, propicia crédito nas negociações com mercadorias no comércio internacional, além de prover condições de proteção contra riscos e especulação.

Participam desse mercado e demandam/disponibilizam moeda, em primeiro nível, os turistas, os importadores/exportadores e os investidores internacionais. Em segundo nível, encontram-se os bancos comerciais, que atuam como câmara de compensação entre usuários e recebedores de câmbio. Em terceiro nível estão os corretores de câmbio, por meio dos quais as entradas e saídas de câmbio dos bancos comerciais são niveladas. Em quarta e última instância está o banco central, que atua como comprador quando os ganhos e despesas totais com câmbio estão em desequilíbrio.

Cerca de 90% do mercado de câmbio no mundo é especulação. O especulador não é ruim, pois ele dá liquidez ao mercado e não permite grandes oscilações na demanda.

É ilegal a liquidação financeira em moeda estrangeira no Brasil, a chamada "senhoriagem da moeda". Sempre terá de transformar o valor em reais.

Ninguém compra reais no exterior, ou seja, reais não saem. E dólar não entra tão facilmente. Em geral, o dólar fica lá fora e os reais ficam aqui no Brasil. O dólar papel, se obtido, é sempre mais caro.

Para se investir no Brasil (ter reais), deve-se ter alguém querendo, por exemplo, dólar lá fora (para fazer o fechamento do câmbio). Há custos para isso, como juros pedidos, e burocracia.

Taxas de Câmbio (R): é o preço em moeda estrangeira de uma unidade de moeda doméstica.

Se, aqui no Brasil, para os dólares americanos, por exemplo, a taxa de câmbio for R = 4, significa que são necessários R$ 4,00 para se comprar US$ 1,00.

Nesse caso, R = R$/US$.

Em ano de eleições presidenciais, a taxa de câmbio costuma aumentar no Brasil, dada a incerteza do resultado político.

Tipos de taxas de câmbio: **câmbio fixo** (a taxa de câmbio permanece inalterada por intervenção do governo com o uso, em especial, de reservas internacionais), **câmbio flexível ou flutuante** (a taxa de câmbio depende da oferta e procura, sem intervenção alguma - Brasil), **câmbio flexível administrado** (as autoridades intervêm apenas para regularizar flutuações de curto prazo, não interferindo nas tendências de longo prazo da moeda) e **bandas cambiais** (a taxa de câmbio flutua sem intervenção dentro de limites estreitamente definidos).

Balanço de Pagamentos

É um resumo contábil das transações econômicas que um país faz com o resto do mundo, durante certo período de tempo. Com base nesse balanço, pode-se avaliar a situação econômica internacional de um país.

Essas transações englobam, por exemplo, compra e venda de ativos, bens e serviços, que geram fluxos monetários e de capitais entre os países envolvidos, afetando seus desempenhos econômicos.

Exemplo de esquema de balanço de pagamentos

1. **Balança de transações correntes**
   1.1. Balança comercial
       1.1.1. Exportações
       1.1.2. Importações
   1.2. Balança de Serviços
       1.2.1. Transportes, fretes, seguros
       1.2.2. Viagens internacionais e turismo
       1.2.3. Renda de capital (lucros e juros)
       1.2.4. Diversos
   1.3. Transferências Unilaterais
2. **Balança de capitais**
   2.1. Investimentos
   2.2. Empréstimos e financiamento de longo e médio prazo
   2.3. Empréstimos em curto prazo
   2.4. Amortizações
   2.5. Outras movimentações de capital
3. **Erros e omissões**
4. **Saldo do Balanço de Pagamentos (1 + 2 + 3)**
5. **Transações compensatórias**

Balança Comercial: a balança comercial compara as exportações de um país para o resto do mundo decrescidas das suas importações do exterior. O superávit comercial ocorre quando há mais exportações do que importações. O déficit comercial ocorre quando as importações superam as exportações. Quando um país importa mais do que exporta, deve pagar as importações tomando empréstimos do exterior, por exemplo.

Transações Correntes: resume a diferença entre o total das exportações e das importações tanto de mercadorias como de serviços, sendo também incluído o saldo de transferências unilaterais executadas durante o período. Essas transferências afetam diretamente a renda nacional e são consideradas as mais importantes do balanço de pagamentos.

As "viagens internacionais e turismo" da balança de serviços, por exemplo, são afetadas muito no verão brasileiro, momento que tende a ser positivo para o país.

As "transferências unilaterais" tratam, por exemplo, de trabalhadores que saem do país para trabalhar fora e mandam dinheiro para o país de origem.

Conta de Capital: agrupa as contas que representam modificações nos direitos e obrigações de residentes no país para com não residentes.

O modelo Keynesiano

O economista britânico John Maynard Keynes publicou em 1936 o livro "A Teoria Geral do Emprego, do Juro e da Moeda".

De forma geral, a teoria Keynesiana defende o uso das políticas monetária e fiscal para regular o nível de demanda agregada.

De acordo com Keynes, a demanda agregada de alguns países na década de 1930 estaria baixa em razão da inadequada demanda por investimentos, causando desemprego.

Keynes, portanto, forneceu a base das políticas econômicas de combate ao desemprego ao apoiar medidas de política fiscal para estimular a demanda, principalmente os gastos públicos do governo.

Ele argumentava que o aumento dos gastos do governo estimularia o produto e o emprego, porque aumentaria a renda e, por consequência, o consumo dos que estavam empregados em obras públicas, gerando ainda mais emprego.

A Equação Fundamental de Keynes:

Uma noção fundamental do modelo Keynesiano para haver equilíbrio é que o produto seja igual à demanda agregada:

$$Y = DA$$

Renda Nacional = Demanda Agregada

Sendo:

Demanda Agregada (DA) = Consumo (C) + Investimentos (I) + Gastos do Governo (G) + Exportações (X) – Importações (M)

Tem-se a equação fundamental de Keynes:

$$Y = C + I + G + X - M$$

Renda Nacional (Y) = Consumo (C) + Investimentos (I) + Gastos do Governo (G) + Exportações (X) – Importações (M)

Da equação, para que a política econômica consiga elevar a demanda agregada, deve se utilizar de instrumentos que proporcionem aumento dos gastos em consumo (excedente dos gastos), investimentos (em produção), gastos do governo (sem cunho social) e que elevem as exportações acima das importações.

As autoridades devem ter participação ativa na economia ou devem tentar deixar o mercado agir livremente?

Como resposta, na prática, os governos em geral atuam na economia, nem que seja minimamente.

Quando o fazem, tentam buscar as formas mais eficazes de atingirem os objetivos desejados.

Isso ocorre primeiramente especificando as metas da política econômica, geralmente em termos do bem-estar social que está tentando amenizar. E isso vai de cada governo.

Em segundo lugar, é preciso especificar os instrumentos de política econômica que estejam disponíveis para se atingir as metas.

Por último, é necessário ter um modelo da economia que relacione os instrumentos com as metas, para que se possa escolher o valor ótimo dos instrumentos políticos.

Políticas Econômicas

As políticas econômicas mais comuns, que podem afetar a vida e o bem-estar de todos na economia (até mesmo outros países), são a **Política Fiscal** e a **Política Monetária**, que serão tratadas aqui. Há ainda a Política Cambial e Comercial (tipo/estrutura de câmbio e restrições comerciais) e a Política de Renda (controle de preços, salários e regras de indexação).

Política Fiscal

Entende-se por política fiscal o processo de ajuste da **tributação** e das **despesas públicas** com o propósito de tentar normalizar as oscilações do ciclo econômico e contribuir para a manutenção de uma economia progressista e de pleno emprego, livre de uma excessiva inflação ou deflação da procura.

Para conter um processo inflacionário, podem-se reduzir as despesas do governo ou aumentar as alíquotas dos tributos (assim sobra menos renda disponível para consumo). Em caso de deflação, aumentam-se as despesas do governo ou reduzem-se os tributos.

A despesa mais comum dos governos para gerar emprego e renda é com obra pública. Quando há necessidade de frear o consumo, os gastos em especial com obras públicas diminuem.

O governo tem mais flexibilidade de realizar ação fiscal por meio de despesas com obras públicas.

Todavia, a ação fiscal por meio do controle das alíquotas de tributos é mais difícil, por causa da necessidade de atuação do Congresso Nacional.

Política Monetária

É baseada nas ações do banco central de um país, os quais atuam para controlar a oferta de reservas, de moeda e de crédito da economia.

Para melhorar os negócios e aumentar o emprego, o banco central aumenta as reservas bancárias, expandindo o crédito.

Se há ameaça de inflação, o banco central reduz as reservas bancárias, tornado o crédito mais caro e mais escasso.

Há, portanto, um aumento na taxa base de juros e encarecimento do financiamento de governos municipais e estaduais, o que proporciona um racionamento sobre o investimento e os componentes das despesas C (consumo) + I (investimento) + G (gastos do governo).

Em ordem de importância, o banco central se utiliza de três armas principais para tentar estabilizar a economia: as **operações no mercado aberto (open market|)**, a **política da taxa de desconto** e a **alteração das taxas de reserva legal exigida pelos bancos**.

As operações no mercado aberto (open market):

São as mais importantes armas estabilizadoras da economia. O banco central coloca ou tira dinheiro do mercado.

O banco central atua comprando ou vendendo títulos do governo federal no mercado aberto, contraindo ou afrouxando as reservas dos bancos.

Se o banco central julgar que haverá inflação, ele vende títulos do governo para diminuir a massa monetária em circulação e, por conseguinte, reduzir o consumo e o investimento.

No caso de deflação e/ou com a economia em estagnação, o banco central atua de forma contrária, comprando títulos do governo e assim injetando dinheiro em circulação para o aumento do consumo e do investimento.

A Política da Taxa de Redesconto:

O redesconto é quando o banco central faz empréstimos aos bancos. É como se fosse um "cheque especial" dos bancos. Influencia na liquidez.

Quando os redescontos aumentam, é porque os bancos estão tomando recursos emprestados, aumentando suas reservas bancárias. Os bancos vão até o banco central emprestar dinheiro para fechar as captações e empréstimos do dia.

A atuação do banco central é passiva (empresta quando solicitado) e apenas decide a taxa do redesconto, facilitando ou não o aumento das reservas dos bancos de acordo com seu interesse em impulsionar ou frear a economia.

A alteração das taxas de reserva legal exigida pelos bancos (compulsório):

O banco central tem o poder de diminuir ou de elevar o percentual das reservas legais que os bancos são obrigados por lei a manterem de acordo com seus depósitos.

Por exemplo, se o banco capta 400 unidades de uma moeda e o depósito compulsório for de 25%, apenas 300 unidades poderão ser disponibilizadas para empréstimos. As outras 100 unidades ficarão depositadas no banco central. Se o banco recaptar essas 300 unidades quando do pagamento pelo tomador, 25% disso, ou 75 unidades ficarão retidas e apenas 225 serão disponibilizadas para novos empréstimos e assim sucessivamente, reduzindo o dinheiro disponível e evitando a multiplicação desenfreada do dinheiro, o que controla a inflação, se for o caso.

Logo, se quiser tornar o crédito restrito, aumenta-se o percentual das reservas obrigatórias. Se quiser facilitar o crédito, reduzem-se esses percentuais.

Crescimento Econômico Sustentável

Um dos grandes objetivos de uma nação é ter estabilidade macroeconômica e eliminar a pobreza absoluta.

Para isso, devem-se propor metas macroeconômicas, tais como um percentual de crescimento econômico de X% ao ano, investimento na produção em Y% do PIB e um crescimento das exportações em Z% ao ano. Como na vida comum, fixar metas facilita o alcance de um objetivo. As políticas econômicas são os instrumentos para se alcançar os objetivos estabelecidos.

Para o cenário internacional, o financiamento externo deve ter menos importância, as exportações devem ser aumentadas (como já dito) e deve haver maior apoio nos recursos internos.

Há restrições externas/internas que devem ser analisadas, tais como o estoque de passivo externo, o acúmulo da dívida pública interna em percentual do PIB e os prováveis déficits na balança comercial.

As principais medidas para o crescimento sustentável são: redução da taxa de juros, política comercial ativa, uma boa política de reestruturação industrial e de competitividade comercial, e reformas institucionais previdenciárias, tributárias, políticas, do judiciário e do mercado de capitais.

Bibliografia

- Assaf, Alexandre Neto. Mercado Financeiro. São Paulo. Atlas. 2002;

- Andrezo, Andrea F.; Lima Iran Siqueira. Mercado Financeiro – Aspectos históricos e conceituais. São Paulo: Pioneira Thomson Learning. 2002;

- Fortuna, Eduardo. Mercado Financeiro. Rio de janeiro: Qualitymark. 2000.

- Lopes, João do Carmo; Rosseti, José Paschoal. Economia Monetária. São Paulo. Atlas. 1998;

- Mellagi, Armando; Ishikawa, Sergio. Mercado Financeiro e de Capitais. São Paulo. Atlas. 2000;

- Ross, Stephen; Westerfield, Rondolph; Jaffe, Jeffrey. Administração Financeira. São Paulo. Atlas. 2002;

- Salvatore, Dominick. Economia Internacional. Rio de Janeiro: LTC Livros Técnicos e Científicos. 1998;

- Securato, José Roberto. Crédito: Análise e Avaliação do Risco. São Paulo: Saint Paul Institute of Finance. 2002;

- Securato, José Roberto. Cálculo Financeiro das Tesourarias. São Paulo: Saint Paul Institute of Finance. 1999;

- Securato, José Roberto. Decisões Financeiras em Condições de Risco. São Paulo. Atlas. 1998;

- Blanchard, Oliver – Macroeconomia. Rio de Janeiro. Campus. 2002;

- Froyen, Richard T. Macroeconomia. São Paulo. Saraiva. 2002;

- Gremaud, Amaury P.; Vasconcellos, Marco Antonio S.; Toneto, Rudinei J. Economia Brasilieira Contemporânea. Atlas. 2002;

- Keynes, John Maynard. A Teoria Geral do Emprego, do Juro e da Moeda. São Paulo. Atlas. 1992;

Lacerda, Antonio Correa; Bocchi, João Ildebrando. Economia Brasileira. São Paulo. Saraiva. 2000;

- Salvatore, Dominick. Economia Internacional. Rio de Janeiro: Livros Técnicos e Científicos. 2000;

- Sachs, Jeffrey D.; Larrain, Felipe. Macroeconomia em uma Economia Global. São Paulo. Makron Books. 2000;

- Samuelson, Paul A. Introdução à Análise Economica. Rio de Janeiro. 1979;

- Simonsen, Mario Henrique; Cysne, Rubens Penha. Macroeconomia. Rio de Janeiro. Atlas. 1995; e

- Vasconcellos, Marco Antonio S.; Garcia, Manoel E. Fundamentos da Economia. São Paulo. Saraiva. 1998.